Sneaky Press Word Puzzles

Word Finds

Volume 2

SNEAKY PRESS
©Copyright 2022
Pauline Malkoun

The right of Pauline Malkoun to be identified as author of this work has been asserted by them in accordance with Copyright, Designs and Patents Act 1988.

All Rights Reserved.

No reproduction, copy or transmission of this publication may be made without written permission. No paragraph of this publication may be reproduced, copied or transmitted save with the written permission of the publisher, or in accordance with the provisions of the Copyright Act 1956 (as amended).

Any person who commits any unauthorized act in relation to this publication may be liable to criminal prosecution and civil claims for damages.

A catalogue record for this work is available from the National Library of Australia.

ISBN 9781922641366

Sneaky Press is the imprint of Sneaky Universe.
www.sneakyuniverse.com
First published in 2022

Sneaky Press
Melbourne, Australia.

The Benefits of Word Finds

Not only are word finds fun but they are great for building literacy skills. They can help develop word recognition, for example, the beginning reader does not find it easy to tell the difference between words that have "ae" and "ee". Word finds help with pattern recognition skills, for example learning that "i" comes before "e" and "q" is usually followed by "u" and that words that end with "ine" rhyme. Word and pattern recognition also help improve spelling. Finally, word finds help to expand and revise vocabulary

How to Complete a Word Find

The goal is to find all the words from the list in the grid of letters. Words can be spelt forwards or backwards, horizontally, vertically or diagonally in the grid. It helps to cross out each word as you find it so you do not spend time looking for it again—each word in the list will only appear once in the grid.

 # Still Travelling In Europe

```
C F E E A N D O R R A I K L S J L T N A
A S T C I M X S F J Q K C I M I V U G W
R G L R Z E L V P N N K H K V O R R G A
M Z I O R K U G I B R A L T E R U K J L
E C U Q V V A T I C A N C I T Y S E A E
N O N M N A K R K P W Z M W G T S Y L S
I P E O K L K C Q G K H O W R U I S B F
A S X R R Z I I T Q R A X G A L A D X Z
K K C Q K T G E A B X E Z F K D U S B D
A O O O U T H E C O J I E A D C B M O M
Z W S Y T D F M O T S X S N K P Z D S W
E R B O G L B G A R E W W L L H V J N E
R A V F V B A I S C G N F U E A S R I T
B Z A F B O L N G Z E I S V M O N T A U
A F L Z M B S W D A E D A T D W F D A Y
I S A N M A R I N O D V O P E Z D M W N
J L D U A J E B A V Q M I N Y I X L A H
A D H E F J O F H S F T N I I I N H W N
N C Q S S Y L H N Q O Y E X L A L J S C
Z F H E R S E G O V I N A U W L H A Q Q
```

ANDORRA	GIBRALTER	ISLE OF MAN	SCOTLAND
ARMENIA	GREENLAND	LIECTENSTEIN	SLOVAKIA
AZERBAIJAN	HERSEGOVINA	NORTH MACEDONIA	TURKEY
BOSNIA	KAZAKHSTAN	RUSSIA	VATICAN CITY
GEORGIA	KOSOVO	SAN MARINO	WALES

Yikes! Spiders

```
Z T K W J M O U S E S P I D E R P T X R
B L A C K W I D O W V V P Z K Z K U H X
H I Z R O Q J P Y Q M J Q N B R Y G H B
F I H S A C W U N N Z E T B G Z S C H Q
Q A P L U N R N M W X J S M S A E V J P
O K X U S N T D S P H Q G H Y X J M Q I
N A J B B Z E U A C I I P F W A A L M A
X X P W L N R F L D K N T N I E O L E Y
W F Q A O A E F I A D C G E X E A M F V
F U F N G S C O R B U Y A J T B O V T A
T N R D W I N K R O T R L R B A I K E D
R N I E E L P B H A T H Q O A I I B D R
A E G R B K F X P O W R U J N C J L M T
P L A I Y W N G P S U L Q N M G H B U O
D W R N K D E Z G Y L S G C T T L N S A
O E D G R E C L U S E R E H P S S E I U
O B E S H W O L F S P I D E R D M W G D
R T N R E D B A C K B J B X Z I V A D S
D X B J R P W M J I N A D V E Z R M N X
B L F A F J L L M O N C L F S F G K T J
```

ARACHNID	GARDEN	ORB	TRAPDOOR
BLACK HOUSE	HUNTSMAN	RECLUSE	WANDERING
BLACK WIDOW	JUMPING	REDBACK	WHITE TAIL
DADDY LONG LEGS	MESH WEAVER	SILK	WOLF SPIDER
FUNNEL-WEB	MOUSE SPIDER	TARANTULA	WEB

Roman Gods

```
J K B W C A O P Q G C X J O F P R E W Q
U N H J V P P L U T O D W G S M O Y N P
N O T W C P H O E B U S E T T Y P P L V
O V V M M P E R N J S V M A A A X C P U
Y O E N R X D P M E U Z C T T T M R G L
X L N S A Q A O V I V E R I T A S E N C
A U U M G I Z P P O K E H Z D B X X E A
I N S I U A D K O J E P O M O N A P P N
H A X N F W Q S D L U M D O L I A X T E
O Z C E M G A E I H L B X D Z G C L U Z
V Q B R B E U M K C E O Y F G V N M N K
Q H V V B I R X A U R R L C X C F P E V
F O Y A W T O C J R J D C K E B U R T O
H B Q U X K R A U K S X K U R R O P U U
Y A S J P X A V O R B A C O L S E Z I D
I T A E N N V G N I Y R H W A E B S E D
X B T R F T P C J U P I T E R Q S K K S
O C U A Y K W G J I V T W L D I A N A K
V R R M D K G U N H K U V L Y L T N U W
U A N F X O W K Y U R Y F S C C A U G O
```

APOLLO	HERCULES	MERCURY	POMONA
AURORA	JUNO	MINERVA	SATURN
CERES	JUPITER	NEPTUNE	VENUS
CUPID	LUNA	PHOEBUS	VERITAS
DIANA	MARS	PLUTO	VULCAN

An Island Holiday

```
V M S N G J L U N K O L E V S H Y C X M
V V P C M A E P X D J E E O Y R O O I E
K K N A T A L X L P Q D O N L S N C M A
F X E D L A R A V A N U A T U F E O I S
O S C V U J H S P L F S P R R I W S Y T
R Z A N C E E I H A L X K U F J Z I Y E
Z V I M R O N L T A G V U Y C I E S O R
J R Z P O L N E W I L O B S R M A L M I
R R Z A T A V H W T N L S L C O L A Y S
S P C L M T D B A C X A I I D C A N P L
A U S A Z Y P N U W A Y U S S V N D Q A
L G T U I K H Q J W A L E R L L D T V N
P W Q H P K P N K N A I E P U A A M F D
N O Q Q K I R I B A T I I D C L N N K J
M X R T N N G V J J E M G B O T I D D U
Y K F Z I Z O R S J O P Z Z N N D F S S
V B O R A B O R A T O N G A J I I C Q X
K N S O L O M O N I S L A N D S U A L X
Q A M J C T O P T U V A L U F B B E X P
P J A R J N V P D C O O K I S L A N D S
```

BORA BORA	GALAPAGOS ISLANDS	NEW ZEALAND	SOLOMON ISLANDS
COCOS ISLAND	HAWAII	NAURU	TAHITI
COOK ISLANDS	KIRIBATI	NIUE	TONGA
EASTER ISLAND	MARSHALL ISLANDS	PALAU	TUVALU
FIJI	NEW CALEDONIA	SAMOA	VANUATU

Shades Of Red

```
D V M H Y Y P E N I R M C J C G X H S I
L Y S V J X O A I M P E R I A L L C F
A E S W F L M K O L W M R M E E O V A A
V C N R I L E C U H E M U N M V A M R T
T X F A C C G M B Z O Z B D R U S A L A
O F B S U H R O Y O I R Y X D V C R E J
M A Y P I E A C Y O R U S G U V J O T B
A W K B D R N B U R G U N D Y F O O W V
T A B E D R A T V U J U H D A M S N I T
O U L R D Y T M J S J S I F H W J C N M
W B M R W W E U J M T J M M Y Q S B E C
A U V Y K I C L I S N D Y A G W Z F Z A
U R Y E M Y R V I F I R E E N G I N E R
B N E B R V T S C H P B Q H Y R S Y B M
K H G P U M C S V R D E Q T R U S T L I
D F O K B R I C K I I C O P P E R L O N
L R P T J V I L B L X M Q X J T J X O E
L I P S T I C K I A E V S A A V E U D P
H E E N G O O B B O G A D O G V S G V U
L I G R J A N X S S N K R B N G Z H C L
```

AUBURN	CHERRY	LIPSTICK	RUST
BURGUNDY	CRIMSON	MAROON	SCARLET
BLOOD	COPPER	POMEGRANATE	TOMATO
BRICK	FIRE ENGINE	RASPBERRY	VERMILION
CARMINE	IMPERIAL	RUBY	WINE

Accessorise

```
Y F I Q B R M F B K P T X I N U F X I N
A K Q U V R S N P F A H M D Y P A C Q Q
Q N G L U A A T J Z R M W F T G S L O V
I N E H G H N C P E N D A N T B C V N P
A J G C M B Y K E G X A R U W C I I C Z
V X F Q K E A E L L P K O A C P N V T L
S O W X J L L S E E E O N G M U A Q L B
D O Z I Y T A B H T T T C B H A T M H R
O W S Z G O B C C O O T F R X K O R H O
G N W H I Y N U E Q E E H B W S R Y D O
S G D W M J Q U I P O S R C A G N F E C
Y S U N G L A S S E S E Q I W N V H D H
I N U N R S V M T F A C O S N R G B M B
S J K D X E T Y V G B T A P Q G I L H E
E A R R I N G S M J J A B R R P X N E U
T N S N W C Y F P J X H N D N G U S G F
E Y R W A R C H O K E R V D F G A R Z A
N D L G V S C A R F C A V R A B B C S E
K F H N S R I P O N C H O E W N A D B E
H U X R D T T S P V H Y O Y E S A G Q B
```

ANKLET	BRACELET	HAT	RING
BAG	BROOCH	NECKLACE	SCARF
BANDANA	CHOKER	PENDANT	SHOES
BANGLE	EARRINGS	PONCHO	SUNGLASSES
BELT	FASCINATOR	PURSE	TOE RING

Eat Your Greens

```
O N M Z N Y D X U U J A V F X S N V S Z
K S S K B N S C V N S A H P M V U Z I Z
R H N Q A C A C G J N U P X O H Y K L I
A K F B X V A H U W U B R V C P E R V F
H A Y O G V A B E C N I T S M A X C E B
O L X B Z V K C B B U S W C R R S P R J
V E G B R J Q V A A R M K G K S M K B R
A L E T T U C E D D G O B X J L S J E C
B L T A N V S N N N O E C E J E J U E E
X S P E R E P S L O J A L C R Y W A T L
U A G W C T W B E M J V S R O O S T R E
G H J Z A B I H Q L R S L P V L G A W R
H K W B U T C C J R S R A Z A Z I S K Y
M O L N E C E I H J G P U R V R U T C Z
Z W J G E A C R X O J I R Q U W A M S P
Q B B S B I N H C Q K V G O D G R G O E
R Z O J V W J S I R F E T V U P U W U A
K V K X N Y T I C N E N J D Z T J L J S
D W R S P I N A C H I S C U K W S G A K
I I L U K I R O C K E T S O X Q E J M V
```

ARTICHOKE	BROCCOLI	KALE	ROCKET
ARUGULA	BRUSSEL SPROUTS	LETTUCE	SILVERBEET
ASPARAGUS	CABBAGE	OKRA	SPINACH
AVACADO	CELERY	PARSLEY	WATERCRESS
BEANS	CUCUMBER	PEAS	ZUCCHINI

Herbs And Spices

```
I Q O J A Y K J E J N A B X Z K K Y Q S
C M Q I J C U I P L R R Q H U E V D S T
W I G C Y N T B J C T M H V Z X Z S S J
T C X B R Z E A W V Q I V Z Y Z W H H B
H C Q H B B E X H R R N K S A F F R O N
Y U O L A L A J J J J T K I A L K I J K
M A S R S W E Y T N A C I N N A M O N J
E C A A I L I M L U Z G F V Q O S S P T
I J G M L A O N O E M S A E N U T M E G
I F E E K Z N L F N A E T R N C U T D V
K S I A E J T D Y E G F R H L N I Q O P
T V E L B H A N E V U R P I Y I E D K V
C H P L Y H R V T R Y O A T C S C L V O
A T N S A A R C U M I N V S P X S V X P
R Z U P B R A C Z J O I F J S Z R E Z M
A J R I O V G P A W H C R L J O Z F G Q
W G A C G Y O Y J R O S E M A R Y U B Z
A V G E X W N O R E G A N O S I R P Q F
Y M O N K Y O C O J N Q U O O V I F J Q
T R V R D I L L T Z W H F E N N J Z U L
```

ALLSPICE	CORIANDER	LEMONGRASS	SAFFRON
BASIL	CUMIN	MINT	SAGE
BAY LEAF	DILL	NUTMEG	TARRAGON
CARAWAY	FENNEL	OREGANO	THYME
CINNAMON	GARLIC	ROSEMARY	TUMERIC

Olympic Cities

```
E L I N Q P A R I S L O S A N G L E S V
H L O N D O N T Y U J A H G M O S C O W
L C X R Y J D A B S T L O U I S O I X F
D H V L S I B M Z J I Z N N F M W C R K
U M G F O L E S L B A R C E L O N A R W
S S S T N C L T H B T J V R M L A R X B
U I T I P W F E J O I C Q S H O P I A W
B O R O M O N R N O H L P Z E S M O R B
Y B X W C C E D Z H G W G T X A E D K S
R J H B X K I A U A T L A N T A L E O Y
Z X P J E T H M H A F J R Y O S B J S D
X R K N A I S O X E B P K F J M O A L N
D C F U B T J E L X L Z D Q B K U N O E
A A P V S W H I O M I S Z A R G R E A Y
I L U K X A L E N U L B I K K F N I U H
B G F L W X S Z N G L N P N B N E R E L
E A U Q I T Y D R S Y K W L K J M O W H
M R D E S Y D E T O K Y O G C I Y B H J
K Y N A N T W E R P W P O M J G A S M R
H D S P K H C I F X T U L I J Y F O R H
```

AMSTERDAM	BEIJING	MELBOURNE	SEOUL
ANTWERP	CALGARY	MOSCOW	ST. LOUIS
ATHENS	HELSINKI	OSLO	STOCKHOLM
ATLANTA	LONDON	PARIS	SYDNEY
BARCELONA	LOS ANGLES	RIO DE JANEIRO	TOKYO

More Olympic Cities

```
G N G I Y R O W A D I C U F Y I Y F D F
A I N N S B R U C K F Y Y P B K I S S W
S M C P K Z M E L H H M V R A X K A A U
A W S W L Q O E J D N U S P L X N P L Y
R S J T C I E M Z X K N W Q B F B S T Y
A V Q G E V L O O J J I F U E F K Q L Q
J S H U R R A L I N A C Y X R H J F A N
E K A Y A E D N E I T H U M T B Q T K Z
V A L P S W N A C H W R T A V X V U E T
O J L A P C V O M O A B E C I S E I C L
F N H Y K O H A B W U M Q A L O A M I P
J R H M J E R A L L V V M W L C S E T M
A O U A T G P O M L E C E E E H T X Y D
C M N N V U B L N O E C C R R I M I V A
M E Q T B A R M A Y N Y C H I C O C R A
A G O W E I F I M C X I A L G F R O V T
R Y D E R A G H N M I W X Y L J I C K H
S C H R L Z Q F T G L D M P K Z T I V E
X B K P I T H M F N H A T R M N Z T T N
X G M J N C M P N A G A N O G X C Y O S
```

ALBERTVILLE	LAKE PLACID	NAGANO	SOCHI
BERLIN	LILLEHAMMER	ROME	SQUAW VALLEY
CHAMONIX	MEXICO CITY	SALT LAKE CITY	ST. MORITZ
GRENOBLE	MONTREAL	SAPPORO	TURIN
INNSBRUCK	MUNICH	SARAJEVO	VANCOUVER

A Taste Of Italy

```
F N Y P S D V A N T I P A S T O R M F W
K U E G P X P G N O C C H I T M F J G F
E C A N N O L I F E Z S E N Z G F K R P
H H W H J G A T U E N B R Y F E S U E V
B I S C O T T I R T I P N I V L R Y N E
O F J T K W P M Z K I Y K V T A I A A A
B L A S A G N A T X P R H U K T S F Q L
G Y J N Z T Z B D E L A A W A O O W R S
M I N E S T R O N E L G N M A C T K A C
V E K K T C H C X K Q E W E I E T O V O
P L V N H A H Z D P I Z Z A T S O K I L
O F O T R U Z N J W G C P M C T U A O L
S P A N N A C O T T A Z X O L L O D L O
S O O Q O E Z D F W A B J G L N J N I P
O F E T T U C C I N E A G I X E Y I E I
B U A R A N C I N I H U Q S C Z N U K N
U R E P G L H B Q B R U S C H E T T A I
C Y Q V J F N Q E V C I P E W Z B T A W
O C X T G D F Y Z G K V X W J Z V M B O
M F X Y T O R T E L L I N I X K E C F J
```

ANTIPASTO	FETTUCCINE	OSSO BUCO	RAVIOLI
ARANCINI	GELATO	PANETTONE	RISOTTO
BISCOTTI	GNOCCHI	PANNA COTTA	TIRAMISU
BRUSCHETTA	LASAGNA	PIZZA	TORTELLINI
CANNOLI	MINESTRONE	POLENTA	VEAL SCOLLOPINI

 # What's In A Car?

```
I W J R T E C Q L E Q P P S J J S A W R
I E P D W S P E E D O M E T E R H N D H
Z N E U I D D B B D G E A R S T I C K E
N G X R H W B R A K E Z U A C N L W J A
X I H V M W P A H W W F N V S H M S B D
F N A H E A D L I G H T S W E M V T A R
F E U D R O M H R M E X O Z A N Y M T E
E T S H A D S O T I Y Z O X T B D U T S
C C T W A O T R Y R C E R N B Y S R E T
J F P J G M E N R R X R A G E F H Y R P
W N I R N E E A E O U Z C Z L U O B Y Q
I C P E R T R H S R S D C I T E Q T A A
N Z E B J E I G R S X Y E N N L R N R L
D U K P C R N Y X X X P L D C G Z L N V
S D Y W L A G X J Q W A E I N A E X R U
C W D Q U Y W J V K F I R C R U Y S R H
R H W A T G H T R K L R A A V G D X X S
E M W D C H E Y N D T B T T X E D I X T
E M R H H W E I M G I A O O A B L G N L
N D R V P O L M B X G G R R Z T G E Y K
```

ACCELERATOR   ENGINE   HEADREST   SEAT BELT
AIRBAG   EXHAUST PIPE   HORN   SPEEDOMETER
BATTERY   FUEL GAUGE   INDICATOR   STEERING WHEEL
BRAKE   GEAR STICK   MIRRORS   TYRES
CLUTCH   HEADLIGHTS   ODOMETER   WINDSCREEN

Tropical Flowers

```
T Z Y L R Z G G Y W W X H E I K U S I K
T H B U X Y L F N O E C G B R B V D J A
Z B H I S U L D Q X V R C T S Z J D W H
G C O A F R A N G I P A N I M J C Z E I
S Y C U N C F D T L G W M W E U B S W L
R C B B G G A N G E L S T R U M P E T I
G L R I J A I O Z I C I X M S J C W X G
A A O R O X N N J Q S V E S D V A H B I
F M M D A H F I G C O S M O S O N I K N
R E E O B P I W N L K D K S G R N H W G
I N L F L V U A C V O E Z V C C A I Z E
C X I P O B L V L N I B P B I H O B H R
A P A A O T E N P E O L S A P I M I R H
N C D R D U H Q S E H T L T O D X S W K
V Y M A L G P A F Q J U X E E I C C V Z
I V X D I M N E T V M K A V A R U U V H
O D F I L M O R N I N G G L O R Y S X L
L C K S Y R T G Y L J O G J A S M I N E
E R A E Y P W M P D E B A T F L O W E R
T P R O T E A M L L O K E L A N I T H C
```

AFRICAN VIOLET	BOUGANINVILLEA	FRANGIPANI	LOKELANI
ANGEL'S TRUMPET	BROMELIAD	KAHILI GINGER	MORNING GLORY
BAT FLOWER	CANNA	HANGING LOBSTER	OHIA LEHUA
BIRD OF PARADISE	COSMOS	HIBISCUS	ORCHID
BLOOD LILY	CYCLAMEN	JASMINE	PROTEA

Grains

```
T L V O C L B H W T Y O E C Q P B G N X
Q V B R G L A M J S A L O A O J S P I S
N B U C K W H E A T G F H L A R J Q K H
Y G R O X G Y X D O A I M V V F N U N R
V W Q C O U S C O U S Z A P L T E I O K
B Z H P V Q S I X T C X M H N R H N N K
R U D E U H E T R X A K J F L V I O V Y
Y S U K A P M L I S G S F K R A R A P D
E B D B L T O J S Y R D V C F E U M C Y
I M T Y D J L M E U Z Z P R O O E V M T
V I V R A B I X J B L Z B Q B A L K G F
H L J V I U N N A F A D A S F U T Z E A
U L T S B T A B Y R A R D A Z W L S O H
T E D S O V I A K J Q R L N X N N G B Z
H T K J P R Y C Z O J B I E H R N Q U M
F A Y W D E G P A R B O H N Y O B T J R
L A R K F O L H W L A M A R A N T H O A
O Z R E O Y R T U W E K C S H F J R M W
P J V R P R E R J M F T E F F F B A A R
E X S A O V T R I C E T E P W Y Q I N G
```

AMARANTH	COUS COUS	OATS	SORGHUM
BARLEY	FARINA	QUINOA	SPELT
BUCKWHEAT	FARRO	RICE	TEFF
BULGUR	FREEKEH	RYE	TRITICALE
CORN	MILLET	SEMOLINA	WHEAT

Gum Trees

```
Y E L L O W Q M U E L U P A J N U E J W
M S X H C I D E R Q B X G K G O Z L D R
R Q O S P O T T E D C J B S O H R X T P
X I D G T Q S H N X O Q R J G T Z R V A
Z C B R D H R T S I J C B L U E E G A Y
B C P E V U E E R A M O U N T A I N T W
M B C Y Y C D I J I N F A B X Y Z D S A
Y U H A I O L E M O N S C E N T E D E W
R A B O N W D C O Q T G E R W G N O N T
D S N O W D N N Z O G T Y B P R L R W A
Y V B L G Z L X H F J Z C B P B U Z Y P
S M E L S F I E I S B N X I A Q N C U K
V C T I G Y M A B G M A G N P R V V X K
H Q Q R M E Y Y F A B A R Q S C K N Y S
T A L L O W W O O D R L N A E P Y E G C
I A I R O N B A R K X K A N I U I N Y P
V I Q L Z F Y O J M U U C C A N D D V G
Z Y B N L M C U N N V C S H K U B F E G
J Y G V E C R E S C R I B B L Y S O W R
K R I V E R A F X A G H O S T P X U W N
```

BLACK	GREY	RAINBOW	SPIDER
BLUE	IRONBARK	RED	SPOTTED
CANDLEBARK	LEMON SCENTED	RIVER	STRINGYBARK
CIDER	MANNA	SCRIBBLY	TALLOWWOOD
GHOST	MOUNTAIN	SNOW	YELLOW

Rainforest Wildlife

```
A U S T R E E K A N G A R O O N B C P H
D P O P G J D R L M L E M U R U G X V V
S I R C I G O N C E H R N M F P C T E S
E R A E Z D O M S B X X A F V Z Q M Q Y
P A N L R F E R F G X D N N D R I R Z D
L N G G I B D R I S C J J U A T L S X Q
R H U K V U Q V M L E W S A Q C L I O S
H A T W T T Q Z G O L Y L I G N O G P Y
N M A N C T C N C U N A P N R U D N M P
H T N X X E A F W O D K T M O B A A D E
P Q S N H R N W S H O C E L O T I R K A
G C T V B F T K K F I G T Y M V P Q M Y
A A R K A L E S W Z K N O X Q A R O T B
M S U A W Y S L O T H W U X E M B D R M
M S B O A C O N S T R I C T O R Z E E Y
A O A Z R T B N Q C L X A P C Q D S E O
C W T C O L K B I V V E N T A P I R F P
A A K D I S T W Q X W Q S Z R J Q T R Q
W R C N V V H P C N C R B R N S G M O A
A Y J R G E I G U A N A U Q D S O C G I
```

ANACONDA	CASSOWARY	MACAW	SPIDER MONKEY
ANT	GORILLA	OCELOT	TAPIR
BAT	IGUANA	ORANGUTANS	TOUCANS
BOA CONSTRICTOR	JAGUAR	PIRANHA	TREE FROG
BUTTERFLY	LEMUR	SLOTH	TREE KANGAROO

Back To School

```
G G L U E D R E C E S S J G F G D O P X
U A U T N O T E B O O K F W E G L W M L
J N A B V F W A H F O L D E R G X Q E U
A K I S M W P T Z X T O X M A T Y O Y R
M Y Y F W Z M U O M T I B L S B O O K S
B J X L O G S F U P A X Z U E A C B X H
U V G P D R L P R J E P K N R X J B P I
O A E Q Z N M B A S C N Q C S D C S Q R
N V N D N X T Z J T J Y S H Z R H C G G
U Z E V L X C X O A C J P B P I I I P M
K S T I C K E R S P U P E O Z N G S R H
E D A X N Z X B G L P F N X F K H S E A
Q I E X I Y J I Q E S Q C Q I B L O V T
T X S Z W S I L J R Z U I M V O I R P D
G L S C H O O L B A G D L U E T G S B V
R S C W P E N C I L C A S E N T H S Q R
J U L N S H A R P E N E R V E L T B W W
D B L X I Y A Q D J A O D Q X E E F O G
X K P E Y R E M M V D M Y J C S R C E B
H Y V W R I W V V K J S T O K H P J I A
```

BOOKS	GLUE	PENCILS	SCISSORS
DRINK BOTTLE	HAT	PENS	SHARPENER
ERASER	HIGHLIGHTER	RECESS	STAPLER
LUNCHBOX	NOTEBOOK	RULER	STICKERS
FOLDER	PENCIL CASE	SCHOOLBAG	UNIFORM

Jams

```
F I F O Y A C H E R R Y T M X B H D N A
K N N U C A P G L M R B L U E B E R R Y
N D L U F H V R O S E W A T E R E W R V
V G L P B Z L K K U W R F S N M M D Y D
Q M I B V A L X R O J Q P L U M R B K S
U M A N T L P R A S P B E R R Y H L A P
S V J R G H O R P C F Y B D M A U A W E
U T G R M E D Q I E Y I B U U S B C B L
Y G R L X A R A U C A W Z L S T A K L D
V S T A T C L P F A O C V E W C R B A E
C L D O W E Q A J K T T H M G H B E C R
I I L N K B D W D X X V Y O C I I R K F
N C T Y U S E B Q E I D Q N R L Z R C L
I W O N F R K R P A H K R C T L G Y U O
M O R E D C U R R A N T R U C I I U R W
F A P P L E G Y Q Y W V N R S A Q K R E
V I Q K O Q O I F K X G K D R Q D X E R
T E G D M I L Y Y R Z A M X L B P S N P
L H Q Y H I Q G Y Z O J J I J T B P T B
I U H V T N V V R Z H S A X W T R Q A V
```

APPLE	CHERRY	LOQUAT	RASPBERRY
APRICOT	CHILLI	LEMON CURD	REDCURRANT
BLUEBERRY	ELDERFLOWER	MARMALADE	RHUBARB
BLACKBERRY	FIG	PEACH	ROSEWATER
BLACKCURRENT	GINGER	PLUM	STRAWBERRY

Bodies Of Water Part 1

```
F F P Z A K S U T S B X J T I P J E F H
Q E L N H O C M F X I D G L Q J E X C C
K G O G P S N O P X G F C V Z Y O X F Q
X D C Q A D P D S I H M W F D O D C K F
K K H Z J L L D E L T A S D Y Q B S B B
T E D P Z K L B Z D I E Q A E U G Z E F
X Z T P V B K R A S V Y B M P P Z U A L
A U Z T H P S W P T F C H M I O Z N L C
T U J N L E G K Q I I J Z U F B N F I F
D P B P Q E I F U L Q H O T F K E D M I
J K V D Q P L I W C A W B R I R W E N E
T E W U A I I A F C R A E J D M A R S H
S H A R B O U R K S S E R T I N L E T P
X Z F A P B S G L E C O E I L Q Z X P P
I P S O F F S B X A O Q U K V A W J D J
A O L J L W J K C K V X Z N Q E N A M T
E O K S B M T J K Y E D B K D R R D O O
C L R F A K J W H F V K M G Z R X U V U
D K I V V W L P N P B A Y Q M C F H F V
F B N J R O Z B A Y O U R T D E B Y T U
```

BAY	DAM	INLET	POND
BAYOU	DELTA	KETTLE LAKE	RIVER
BIGHT	FJORD	LOCH	SEA
COVE	GULF	MARSH	SOUND
CREEK	HARBOUR	POOL	WETLAND

Bodies Of Water Part 2

```
W K V R L K Z I W Q W A S T R E A M S U
A T A R N M K F Q Z V G H C A N A L W J
H Q Z T I D E P O O L M N Q H J L T A F
I K R L T E S T U A R Y J S K A X U M J
O B P F S P F B P Q I R N W K F Z M P R
O Z U N A X P S B B R O O K E Q M P A S
S R D W B R H H F S Q A U C P E X P R U
P B D L D R D I S T R I B U T A R Y P B
R A L W S E R I C B I Y C Q I J V B T G
I K E K T S E I M M I F U P E G K C S L
N I J O R E I Z O C B L Q S N Z Y X O A
G F D U A R T W A H I I L C I L Q I H C
B H O F I V K L T A G I G A X A Q P U I
C L C Y T O C A O N K N G F B U N M R A
V L E L O I I G T N N W L T R O B G S L
S P A A Y R C O Q E K S M F T K N B A L
O U N K Q O S O L L U E S W X S W G H A
G Y M E I K N N E Z O S D S O Y O O P K
Z Z U K L W H W Y T S L G Z O D Q H J E
T R I B U T A R Y G U P K P C T M Y Y K
```

BILLABONG	ESTUARY	PUDDLE	SPRING
BROOKE	LAKE	RESERVOIR	SWAMP
CANAL	LAGOON	STRAIT	TARN
CHANNEL	MOAT	STREAM	TIDE POOL
DISTRIBUTARY	OCEAN	SUBGLACIAL LAKE	TRIBUTARY

Birds Part 1

```
W M I L G O C C C C M J D W L T S O Y W
D V M A A Z D R R A V E N U W K Q K N D
G P H T O S P R E Y P L G A J J C M S V
E M U O G A M N R Z Z F D D O V E N P G
W F A L C O N C H U A C D G V D R D A A
V S T A R L I N G T V U L T U R E Q R L
Q X R Z U G I D L D B L S P D L W H R A
L I Z F Z V L U I T W D T H I K G Q O H
M B N V Z Y W C A S O A V V Y D G N W M
R R D E E Y Z D Z A O A P O K K G Y T K
X U L M J A L A R R D W S E O Y L E C A
B Q V Q Y K D U C K P I C K I B I S O A
J E Y C X F O O V C E Y R U D M H B S N
U D P H Y V B G L W C C O A Z A L M C M
R T I A H T X D T R K H W R E G S L U M
N O O E R A S G G H E T J O X P Q A T K
X U J A L R N P G A R R K I T I B R X A
K C V V S M O K E I M F Z W P E Y K J E
Q A V O T Q B T U A Z W A M N A N Q L V
N N W H A W K M A K I N G F I S H E R R
```

CROW	GALAH	MAGPIE	SPARROW
DOVE	HAWK	OSPREY	STARLING
DUCK	IBIS	PARROT	TOUCAN
EMU	KINGFISHER	PIDGEON	WOODPECKER
FALCON	LARK	RAVEN	VULTURE

Birds Part 2

```
A Q Y C L A A B A E Y G Y Y N H V D Q S
B A P F U P D C E A S T O S T R I C H H
E A O B L Q E H A I T U S T R V H V R T
E A G L E J B N S C O R E X O O I J Z A
E K X U R M F C G X R K A Z I U B N M T
G X W X T V P A Z U K E G H T R M I O C
Y S O V D G H E P F I Y U Z M U G U N T
C W L C L H S O L O B N L S E B I S Z R
W A U A G B R W O I C Y L C Y Z H G N P
I N W S R O P L V B C E W G Q S L I M S
Y I R S M O O Z A F C A Z Q Z Y M H O M
Z O E O S F O S V R H I N F O Q B E C H
M M N W W P L N E B I A O P N J B R M F
I Y L A O D H A S U C M I Z H Z L O X H
K N F R I D F O M V K G Y I E C C N X O
Q K P Y R Y I I E I E J X N T U X G Q F
T V Z T P O N P A N N N W E D C X S V R
U H R U V I C F Q F I G O M O K X G X Z
I Q Y E V B H Q H G G X O N D O A Y F V
I C Z E Z O J E C Q M C O H O O O P K E
```

CASSOWARY	FINCH	OSTRICH	SEAGULL
CHICKEN	FLAMINGO	PELICAN	STORK
CUCKOO	GOOSE	PENGUIN	SWAN
DODO	HERON	PHOENIX	TURKEY
EAGLE	OWL	ROBIN	WREN

A Taste Of Japan

```
U E K J I T I X G H T O N K A T S U W H
O K O N O M I Y A K I A Z R N Z M R O F
T C M Q G G C E Y I V A H C E V U U J Y
D E S D O N B U R I M P Y S I Q D S N A
X O U Y A K I T O R I D H J Y P O H B Y
H Y S F O M R M E D A M A M E J N V Q Y
T Z H E B I A L S M E N T A I K O O R T
O B I T E M P U R A U I E R F N H T Y B
F P W S T B B M M G J Q F X N X S P L R
U Y A K I S O B A I W S N A T T O J O J
E X W W A G A S H I S Y U P X G E D M F
M M M T V K T T W R D O F K R M Y K G V
M V L I Z B R A M E N H O P I K R O H Z
O D E N D T Z J L C D S B J L Y Z S Z W
C L B Z M R L W I B B X A K M N A Z J A
N K T A M A G O Y A K I C S V V A K U Z
U T B E Z P A G P F P G K H H I B Z I I
A B J U S Q V I Y H X D W O A I P U S X
Y P S F L A Z G M A H P X U A O M U O Z
D N Z E I J J V W Q B V G S X I T I L H
```

DONBURI	NATTO	SUKIYAKI	TONKATSU
EDAMAME	ODEN	SUSHI	UDON
GYOZA	OKONOMIYAKI	TAMAGOYAKI	WAGASHI
MENTAIKO	RAMEN	TEMPURA	YAKISOBA
MISO	SASHIMI	TOFU	YAKITORI

Feeling Handy?

```
L C B M W Y S J T H R X W T X R J R B B
B M G H A M M E R Y V P S S F V S G Z N
Q L Z K F M G M B Q F P Q S P A N N E R
L J Z Y B Q U Q D U I L Q C L F P U N Q
C S G H R R H D B O L T C U T T E R S S
Z W H O Q A S P N Z E Q H A C K S A W D
B Z H O Q K J L E N H I Q E Q X U W C C
L Z Z C V E S H E T V L R M X D U R Z Q
Y O L E V E L R C D A P Z T R O W E L A
D U D S H M L C F O G P C N S G H N J X
N S J J K O F H P A K E E P V V J C V E
P G C J J S P O X Z D M H M G Y W H I P
Z U F I G A V A U G U I V A E U P Y K L
T S C R E W D R I V E R W U M A C B F I
R M Y R A L L E N K E Y S L L M S P G E
P I X N W K E M W A R W I P B X E U G R
C L A M P R H D R I L L F L Q C U R R S
C H I S E L R J U X W V S H P G S B L E
U K W R F M L K A I H Q Q J E Q B N T Z
P I K X H R Y N L D R S N Q P G C Z I C
```

ALLEN KEYS	DRILL	PLIERS	SLEDGEHAMMER
AXE	FILE	RAKE	SPANNER
BOLT CUTTERS	HACKSAW	SAW	TAPE MEASURE
CHISEL	HAMMER	SCREWDRIVER	TROWEL
CLAMP	LEVEL	SHOVEL	WRENCH

Did You Say Small?

```
G Y S G X G I H T M I N U S C U L E R P
W X L P Y Y H X C T E E N Y S A I O L O
D S I O F A E R O W X T B R N G U S J C
O D G O U N D E R S I Z E D M F Y X E K
U G H G C S X P E T I T E B I T T Y S E
O C T K W F W M Y P I N T S I Z E D M T
F X T T C E C D I E W F E M W Q S E I S
U C F J S M E V M R X M I U I N Z N N I
P J Z U Y X I U K F V J A B G C P F I Z
O U R W N K W N U C F B J L V T R S A E
A V N G B R Q M I X C I D R Q R L O T D
S D Y Y U D I M I N U T I V E V Y O U R
L J Z B Z Z K B T T F S T A Q P L R R M
G N T B A R C O D H S Y I J F A Z W E I
I E Q X D S D C U E H Y O Z Q T M Q A W
T Z E B L H I C Q F Y J P M T E E N S Y
O X M I N U T E R S F Z B G I X C I F E
X H X H Q A X W E U Z F L U V R O Y X H
I U H I Q B A U T I N Y H Q W F S E D Y
D I Q R E Y E V L I T T L E E C Y S V W
```

BITTY	MICRO	PETITE	TEENY
BITSY	MINI	PINT-SIZED	TEENSY
COSY	MINIATURE	POCKET-SIZED	TINY
DIMINUTIVE	MINUSCULE	PUNY	UNDERSIZED
LITTLE	MINUTE	SLIGHT	WEE

How Big?

```
H G R E A T R Q L D R C W H O P P I N G
N G I G A N T I C A N H N M S H P D P K
G G B G B H V X O R X T L B U Z I C B Q
Q I J N G T U D E L F Q Y L P T R S R P
P W A B E G T M F Q M V Q X E C Q A J T
B I L N V T Q Z O S M V A D R V H R O F
C L X E T B H C E N U Q Y C S B U U G Q
Y O S B Z X U Q Z L G N Y V I P G U J T
Y T L G D R I L T S E O Y Q Z S E J J N
U H O O A H M M K R X P U B E B E K P K
E E M R S R G O K Y J M H S D A S F B O
E F E O J S G M N D F Y I A H J S G P W
U T L N N Y A A A S S E M M N M K I S G
N Y A X O U W L N S T K F S M T Q U S F
W W R U E R M B Z T S R E I E E I W P I
I A B U K O M E T O U I O K Z Z N N Y M
E S J U M B O O N I A A V U W J I S E C
L T O J U G P H U T Y B N E S V V A E H
D W N S R E J D P S A S F S B L A R G E
Y P V V P M N F B I B L M Y I Y L E A F
```

BULKY	GIANT	HUMONGOUS	MONSTROUS
COLOSSAL	GIGANTIC	IMMENSE	MONUMENTAL
ELEPHANTINE	GREAT	JUMBO	SUPERSIZED
ENORMOUS	HEFTY	LARGE	UNWIELDY
GARGANTUAN	HUGE	MASSIVE	WHOPPING

 # How Do You Feel? Part 1

```
G D A K I H E A R T B R O K E N A D N B
C L O O Y Y X J T U S A C K J L L Y Y J
M J O W N A F R A I D B D G F D E O Q E
A X D O N H L I C P T A I O R W A L V Q
D P Q I M O E O K T A M W T U O Y Q D H
E R B O S Y A P A U L U Y H S B J M D R
V C J Z D T H F F E O S H R T G T A U V
Z S H Q R Q R A G J N E D B R L N F J X
I A A R S R M E P X E D K A A F T K U V
U B A T H A T X S P L C K S T L E W M L
Q P G M I S D E O S Y H Y G E P R T L P
Q R S R W S Y X Y Y E I X I D K R I I G
Q O S E G N F C R Z L D J E A W I Y R J
H J Y L L K I I I Q N F C N C O F J R R
O F F A L T K T E C C G C G T K I X I Z
X T M X O U L E H D B I K A G H E J T P
G V I E S P S D J S L V N W L H D F A H
L X L D T K D G M M A B E Y R M U Q T Q
R R W H Z R W V K E K V D C H E A T E D
M L K E P W K T P R O U D F U W W D D V
```

AFRAID	DOUBTFUL	HEARTBROKEN	PROUD
AMUSED	EXCITED	IRRITATED	RELAXED
CALM	FRUSTRATED	LONELY	SAD
CHEATED	GLOOMY	LOST	SATISFIED
DISTRESSED	HAPPY	MAD	TERRIFIED

 # More Feelings!

```
K E E I O F S G Z R D X C K K W Q W S T
K Z M A G U F F F R I G O B P E W F P D
L I S G N Q Y E Q B S J A R U V K E C L
I H N O P N X B H P G T N E N A U J C Q
F F O F T A O H U F U G G S C N Y P Q I
M I T R U G N Y V U S N R I O X H X V N
G B R R R R I I E O T F Y G M I N C V O
L V W M O I I S C D E G S N F O N D V N
O Y C D K U F A L K D M R E O U E R S B
P D E C S U B I T N E W J D R S R S H I
V I I E U P O L E E T D O N T F V C E J
L T R N U C O G E D D D F R A P O O A H
S J R I S O B E P D V E F X B H U N J O
J H Y L K U G X I A P V E Q L R S F W P
R U A L G Z L C V U T D N M E K F U O E
E O V I G G M T R X S L D I R J I S R L
R E L I E V E D E H D O E S U G T E R E
F C O N T E N T E D G E D G S N C D I S
T Z W X Z F K C X M I S E R A B L E E S
Y M J U T D I S A P P O I N T E D M D T
```

ANGRY	DISAPPOINTED	INSULTED	RELIEVED
ANNOYED	DISGUSTED	MISERABLE	RESIGNED
ANXIOUS	HOPELESS	NERVOUS	TROUBLED
CONFUSED	HORRIFIED	OFFENDED	UNCOMFORTABLE
CONTENT	INFURIATED	PANICKED	WORRIED

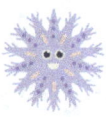

Sea Creatures

```
I V Z U N I O A H W M A S H A R K U G O
N G F M A N A T E E V Z Z K M C U V A C
D A J S O K P O L A R B E A R S R B M T
A C N Z E Z T S T I N G R A Y B O A R O
P K Y O R A D A Q Q O Q B M G S E Y B P
W Q B D T W H M P Y K J W H H V L D C U
M F Q C S T L O W A L R U S Q W L S S S
P D F W X Q E G R J E P W C P Z D Y Q S
C S S V M F U R K S Y Z T S E N R Q N U
C K Q D X Z S I Q C E A F E N V W X N U
E M D T S B U A D L B R B A G U A A T Q
B Y J C X E F W H A L E I L U L V N U Z
Y N F T X D A A C L B O V I I V X E R F
M M I E O N A L D S L K L O N G Y M T W
B X S F S T A R F I S H E N G W Q O L X
Q V H D O L P H I N B Z D L S S H N E O
W D Y T Q D V F U I M Y D C P V U E O A
C W U H Z J F Z I L N P M T N X F Z F D
C P H I Z M G G T C Z C O U R A A S B H
B Q Q H O P K I A X N V Q K B S Q M B E
```

ANEMONE	MANATEE	SEAHORSE	STARFISH
CRAB	OCTOPUS	SEAL	STING RAY
DOLPHIN	OTTER	SEA LION	TURTLE
FISH	PENGUIN	SHARK	WALRUS
KELP	POLAR BEAR	SQUID	WHALE

 # What's The Weather Today?

```
U G R A I N G B O J R V B J X K T B X W
U G W P W T J K W R N Q E Q D M R Y A A
W I N D Y I T Y L O S H I L Y R Q U L K
R F E C G J D F W J U V Q T C D U M E B
F O O O R U P X Q C N A Z C D U B L W V
P V B V A P C U N D N L P Q V R F J G H
R J Q Z E H A S F V Y W Z S G Q V D V P
Q A W T L R I D O N L C I H A Z U M L X
L Y I Q L V C L G C C V N O L Q I E Y Q
O H J N D U I A R D C T T W E P L L E C
G O U V B J D C S L L S I E W E Y C D V
O O X I P O K R C T A I C R H L I O R Q
D C Z G B Y W V J Y L T G S S B P L I N
H H N P N M W X T S W R H H V W U D Z V
J E C T H U N D E R X A D Q T S I I Z E
H G O O N A S G B Q H S R M Z N K M L L
H I S D O E K U U D M L N M M M I R E Z
H A I L H L N S T O R M R O R H H N Z A
X Y R I O V M Q M R U I C Q W M C C G T
C W P R T B R E E Z E A D C L O U D Y E
```

BREEZE	FOG	OVERCAST	STORM
CLOUDY	GALE	RAIN	SUNNY
COLD	HAIL	RAINBOW	THUNDER
COOL	HOT	SHOWERS	WARM
DRIZZLE	LIGHTNING	SNOW	WINDY

Solutions

Still Travelling In Europe

```
I L Y L D D G J P Z C X I I X E A R K N
T A D I P R E M O I R B F N H U J J E B
A T R G V K S N T G E U R K D Y U P F G
L V C R V Q S E M Q N J Q F G Y N U H I
Y I W E U B S R V A I R E L A N D V T D
X A E E V V E L Z J R I C E L A N D B F
N J L C K Z O S O H T K R T H U U N E M
E S I E Y D Q F Q O I C Z H G E F G M O
T W T P O R T U G A L F M E R W S A W N
H I H I A I O A S G M I G X E J P U Z A
E T U Y Q W L Z H B U N E N A W O S K C
R Z A M S C G J P E J L R P T O L T O O
L E N V W C U W F L U A M J B T A R L J
A R I J E H H L R G L N A A R Q N I G G
N L A S D E S P A I N D N J I P D A X M
D A O U E G G A N U K A Y M T U C B F E
S N B O N Z W R C M P D A P A J S K Z H
K D Y N A Y Q P E Y X C R W I W B M V Q
O O K K B I S K S W W Y K W N N J C H O
O U G I K F G X S R C K Z Q T V N C H O
```

Yikes! Spiders

```
T E H P C A U S T R I A U M X J V D X Q
W X V A D Z T J W U M W A U A G T E T X
S D O L L S E Q D Q P O M W T X L N P X
L M Q S R B L C F E E R L J F S D M C B
E M A L T A A O H H N M F D S T I A Y U
P B S E W P S N V R C E C E O O P R P L
C E E R I Z E B I E E C Y H R V D K R G
Z L R I O M H N Z A N P R U U U A K U A
M A B E C M Z I Y H B I U B K N F D S R
L R I K C R A M U G O N A B I R G Q S I
U U A J S Y O N O M S L A D L S A A D A
X S E L S O R A I N V A L B P I Q I R Q
U C P X G A K T A T S N A I N C P N Y
M N L W A T P C R I O E X M N V I E Q E
B C Z M B G H P Q H A W N Y A D K S A M
E O B N B W N U N D J K A E G R L T Q P
R K O R N A P M A R X J W Q G L I O E I
G P R J A C M T U N T O I I E R V N L X
W V N O R W A Y W G I P W H J G O I O E
Q F Z B E L G I U M X A M F W V H A A D
```

Roman Gods

```
B K Y W A L L A B Y D K R S U J D S M G
I J O M H I E D P L A T Y P U S K B M A
L O P O P P Q J U L V P K N O F B P C E
B G C E K G C K V L Z H Y F H Z A O Y E
Y O T R C A A C L U P E C O M Y N T R X
A A I A R T B L W Q U O K K A E D O L O
A N F H S D H U A G D W A Q R Z I R Z B
Y N P R Q M R Y R H E T N U W P C O Y P
L A O E J F A H J R S I G O L O O O N A
P R S T D X W N T Y A B A L K U O R B U
N A S X F V Y A O C P R L O J T M M V
U D U M N J L Y F A Z Q O K A S X F A E
M I M F C N F V D E N E O H L Z T H G M
B N B L R Z F C Y B D D V Y A F A Q C U
A A G K F R I L L N E C K E D L I Z A R D
T O B W O M B A T J E W Y V X I S F W H
N G D J W S M M D D I Y L E Y K K F Y
Q W C G N M M Y I I F B K C C L Z Z J Z
E H E C H I D N A C F Z C W Z L I G D I
G Z D P S K F B A Z H B V D M A K Y C J
```

An Island Holiday

```
S A V D T X Q N R H K T V G J F I H M H
U E I S I J K H I T P P A R T H I A N G
I Q L E U N H J W Q Y M U Y W W B E Y A
M G H C B M E T R U S C A N H O V P A
A M L C H A E I W H U X E B S V K R H Z
Y Q N Z O K B R Y Z V R N I W G C E O T
A S D P D S N Y I O W C K R D G A Z E E
R U G G L Q F E L A T A L L P J R S N C
C S R D R E B G N O N E S S I H T T I Z
H W E K O M G N Z P N I X S Q Y H N C L
I D E H M Y H Y G U M I K Z Y U A Q I Q
N R K A A S M Y P E U I A L K R G P A Q
E J U N N G I U W T I B N N W F I B N H
S S H G Z Z N J L K I R E O O U N A Q C
E K E L C A N D E A N A H D A S I P N V
N I E E S O M R D B I E N W R N A N M P
Q C N S H K P W L D P S A X O N S I L
M U T M F Z B J W I N Q C X I K D Z L V
X O Z U P E R S I A N C K N V V Y I Y O
N D Q S A B O R I G I N A L T K P D G U
```

Shades Of Red

```
W J W L P Y C W S A N D D U N E U S W B
U U H O C Q S K X H F L G X P B M W Q Z
X L C H H R A D E Y Y J B F I Z B I Q W
F Q E T Z Q N W S S H E V T J M R M O Z
G B K Y K I D R E U K T W F N Q E M X R
W Y L I N B C C U R J S I O R S L I P T
W Z B V Q P A V R F X K C P V M L N Q I
Q R O S O W S K R I V U E X G G A G S S
Z C O E B L T U W N C N C L L P H M P E
C Z G A E E L G K G S K R F L T I L A
Y G I W A L E E I S U P E I E L W O A G
C D E E C I B C Y W U U A T E O A U S U
B S B E H F E I O B Y N M N S T E G H L
B H O D T E A T W P A O S B K B N K S L
I E A S O G C L O D Z L A C Y M V B I S
T L R I W U H M A G E M I N R L G T M T
X L D Z E A B O G C O G F T L E E S M E
U S S W L R A H Z V T Y N P I S E Z Y Q
F I D C L D L N J M A Q J S B U N N P V
Q T Q J H S L G A W J X J A N Q M E V Y
```

Accessorise

```
B P W Q M L B E A N I E T O B O G G A N
Q Y C I L U H T L S N O W S U I T U X M
C K H Z Y Y M V P E X A A B N T T M D J
O B A H E P H O T C H O C O L A T E S F
L O I R I H D O W N H I L L O W Q W C V
D B R C M X T J S N O W B A L L W T A A
H S L H N Y H Y S B O X L E M D V F R G
D L I S B X I C E S K A T I N G B L F L
Q E F Y N E O S N O W B O A R D N M B O
M D T Y P O P B X O R M B X V C T S O V
L H Q M M S W M F V A S D V R I T R Y E
X S I Y I K I M I K D O N H G G T P K S
I H K H T I Z R O I Y M V O P N Z I Q J
V M Y I T I L A S B S A F C W K M X G B
A R D P E N R K F R I N Q F X A K C J O
X N D Y N G S N N W J L O O W C N O C O
Z G K D S X O U C E D X E W U T N G U T
Z G W S H Q B F J S L X Z F M P S A E S
F Y T C R L V P O L E S U T E A V I M L
M E K K T O R P Z N W C G S I O N I M B
```

Solutions

Eat Your Greens

Herbs And Spices

Olympic Cities

More Olympic Cities

A Taste Of Italy

What's In A Car?

Solutions

Tropical Flowers

```
S E R P E N T A Z J A D C A P A D D E R
K W H Z Z B A S I L I S K N T F S Y N Z
U M B Y C J U P J P A Z M T A N Q J Y Z
B O O M S L A N G X S U I I I F T T P X
L C A R R W C A U B P W Z V P H R R P E
T C J A G P I N I K M F W E A P B G Y I
S A X A T F X A J D Y C O N N N R B T D
X A M M K M Q C K R R R M O C K Y I H R
S R P U W H G O P V X A M M I Z Z M O Z
V J A U T P N N T Q P I K D I Z V I N M
C I L T I G B D X Z V T Q X E B R L T U
V O P X T A Q A P K I N G C O B R A L O
S E B E Z L B O A C O N S T R I C T O R
Z C N R R Y E A W I T D N U F O K U M Y
I T B O A V F S K L A N C E H E A D X H
X L K U M E H B N Z H S H N Z Z M R H T
L Z M W R C S L A X V X M N W A A S M
X R P Z Q S E A I L K N G X U C M K S G
L I X W C O P P E R H E A D R O B T J M
L V A Y O B T I G E R S N A K E A V B O
```

Grains

```
N V J T K P B Y I B C B Z W G W U U W C
A M P L B U M X Y X Q P B P S B K K W I
M G A W K N Y M J D W P E F H E L P T C
C A T E R P I L L A R K E A Y K A R S A
B D R A G O N F L Y P F Q Q G K D K N D
T H C T S Q N I U T E R M I T E Y Y B A
V C H H R G C X Q F W U B I B F B U D W
Q B R P M Y V X E A R W I G C L U W I M
I M P N H W W C S L A T E R P Y G W B Z
D G R A S S H O P P E R V P Y X C W P L
G M L U W A S P I S C L Q G B E E T L E
V L O C V N W H J P U W Z O M I F K M K
Y Q R S X O C O C K R O A C H C R O W L
C C W D Q P R A Y I N G M A N T I S P R
E R S Y Z U P K D I F A P H I D X M E F
X U I X C F I V J U X X N Y X L Z R I U
L B R C L D J T P F X U K K E T H J A B
I U H N K A P S O L V Y W I F N V H N Q
C B W M O E N H G E Q X E C H S B W T Y
E L O S V U T Y A A P E F Z B D S C B N
```

Gum Trees

```
G Q P T O R N I T H O M I M U S S G K S
G R O R E C T R J U V T P M A I P C V T
P Z O Y O L A R V H U W D K Q G I E E E
T D M J V T A D I S I Q V N E U N N R L G
E D I L Z I O S R C K C G N K A O A O O
R P N P T R H C M E E K F Y B N S T C S
A E M U L H Y T E O A R G L H O A O I A
N O I T O F B O R S D A L A D U S R U
O G D Q K L D Z W X A N T E O R A A R
D F N X J W X O Q N O I T U C O N U U P
O C W Q M R I Y C D K M O R U P S R T S
N P C N V V I H Z U I C F P U G S U O E
X V C N F M Y J S I S E R M S S H S R I
N B R A C H I O S A U R U S V G N T V G
H O T I A R A J U D E N S K L W M A U P
Z I U T Y R A N N O S A U R U S G K B S
O A L L O S A U R U S I W N M I Q M A V
A S D E Q D C G I G A N T O S A U R U S
B T L I N H E N Y C H U S L L J Y I W M
A D C B R O N T O S A U R U S T K E C W
```

Rainforest Wildlife

```
O R Z Q K C T Z P U G N S Z D J B V K W
I N A G Z C H Z F V N H G B H P O P D E
B G Q B G M G I E Z M O U P U X X L Q D
T O O K L V V C H H P G O S K L E U D A
P R U P R U P T K E K Z V R A R
X T I D D O E T R P A O U E L Y Q U L B
A Y V A E E T H E B I H M Y D M T B M L
P O G C C R N T E S U Q U E E V F O A O
S O B E A K C R W E E L L A R A D C T O
A F O X R V R O E E L L Y C A Q R I D
M G D D O M A U L T I E N D C N N T A N
O R P L L O A L S L R L R A O E T I N O
Y E I A F E B N S I E Q A G J K A U
E Y Y B J D E S E E E R H T W P C N
D H X R P A V T R H R L M V D V J M I D
A O A A G L A X I M E G L N E S R S C U
J U X D C G L H L G A L P R U M R Z O R U
L N V O T H Q G S B P N A R K U P Z T Z
O D L R I C U F E K V S C R D S M C A Z
C E C B A P R C R E T N S E D F E Y T N
```

Back To School

```
T B H J I K K G B L B O M M T R X J B I G F A I C
F Z W I Z E E O D A B L I V U R S U L A D J H A M
W D Q I S F Y H O O F S M H V K N V U V X J P U Y
I L A E C C B T T U U O E J T R R X E H Z T X T
Q T I M L K B K P Y U E M D K Y S M A D Y N W P A
M C D U D P E L C T T V E F E X Y G R I N C H W S
W G R L W H K D O O M W S N C A P T A I N H O O K
E A L D C R C F W R T T X O O P I X G U M O C O
J S U D E M D G P T U F K R S P O A D B P
M T C F F L Y J T T F B R V P H H K E O D A V L
A O Z T H G L C R D A N I F E O E W P D F H
L N M E W V M A K O T U H R D N Y T A H C R Q T B
E I T C N L G E D E N Q M O O N C L Y R G N U E P
F B X R O V H A S E D D U F P F U O E T T N T N S V P
I O K Q F V Y X R H V S P U E T A L H U L S P I R
C P A C U Y K N H X A T V L L H A A P P Y X R V
E X J U K Z Y X Q S D N L E V P S E D Y N X R O N
N W A B F Y J L K W K Y U P P R H L L R E O X H C
T A F Q C G R X P G W J U R M N U E E S M E E
L C A L J U D G E F H C L L O Q X O M K S H G E J
G W R U K D D U J M A G K W J S I T F I T D N O
L K X M M L E A V B O P G N Q R L K H H N S P L H
N E T H B U L C S K E X M T D B H U Y K L R E O X I N
J V W U R F H I P L P Z W N M D J G Y T R Q U E
T Q Z N C Y R N E D M G O F B S J B R C O R B N
```

James

```
Y E Q S A L A D D I N L J X E K S I W A
P L L G L Y N P Q G Z E J D B L C R D H
L S B R P E T E R P A N X U S X I A Y A
N A G E K S E J T O S H R E K M N U W N
E H Z T D I D P V C O E G V I K D P V S
G U O E W M D C D G W A V P A E R E E L
O M M L V B T V T N K B L Y H Q R I Y L
J F A A C A H K Y N G K X R D W E N L S
T Y F L I A U L J W W B I Y P Y J L C H E
Y T R I C A Y I U H R A E K W W L E E E
U T Y C B R A P U N Z E L A F O A S B L
M Z W E G I S H L U W P U K U S Y S E L
P R I N C E S S J A S M I N E T E F A E
Y F Q F Q L S N O W W H I T E P Y I S L
D R M W I Z A R D O F O Z I K Q X O T J
W J P F L C R O M V E G G G I D Y N C R
D G K G H M Y I T E D P G B A X L A H H
F A I R Y G O D M O T H E R U S F G H C
K C W Y C C A W O S K I D C S B L S P H
F Q P P R I N C E C H A R M I N G X J N
```

Solutions

Bodies Of Water Part 1

```
A R C H E O L O G Y R O E X D I B T E M
Q H S E Q L E O R P B K T D W O B N F L
A D Z O Z X A G G C Q J Y R U R Q O B P
E Q D F B S C P L T M A M A S N O Z Z H
N W T K J S F H E R G W O F P I S R P Y
T G H R C O P O X T C V L I A T D D R S
O O E W C C P N I M X B O F I H Z C J I
M S O H Y I I O C J A I G E C O K Q A O
O E L B E O M L O S E O Y L A L K F L L
L I O H C L M O L X B L O M R O M K X O
O S G G O O U G O J S O R E D G Y S Z G
G M Y A L G N Y G S E G V T Y D X O Y I
Y O X P O Y O F Y K P Y V E O A V Q O R
E L F E G Y L G D R A D I O L O G Y L D
R O W T Y A O Q P Q A H D R O R B O O X
O G H S B N G K A C W A Z O G S G I G H
C Y O D E P Y N J M L O N L Y Z T D Y L
F F P S Y C H O L O G Y O O A N F G L G
W C W G E O L O G Y J Q X G K A Q G X T
U H E P A T O L O G Y P N Y R N S H D L
```

Bodies Of Water Part 2

```
K F F B Q H P A T H O L O G Y Z Y I N T
Z M V B A T W P A L E O N T O L O G Y I
D G W C Y H E R P E T O L O G Y G Y P C
H A L A H C F B I G G L P J V C E H Z L
R H T A O P A S T R O L O G Y E L X R I
E X R R C R N X O K X E X T B T O M M
R X E W B I X X W N M V V V F O T C E A
X L A H Z W O N N L J K O O F L O H P T
H P B Z E P I E E G N X L E O L T H O
O Q R G N X M M O P R I J C L G O H A L
R J O M E I O C G H C O A I Y G Y R O
O M N Q M Y Y R O H R X N N N Y O M G
L X C Q R A P S Y C S O O O K Q L A Y
O X O U U U T H M D I J T L L T E O C Q
G E L J F T T O O G N Y I O O I K G O F
Y R O Q K G W L L V Z D G G G Z Y L A
H W G U E E Z O O O O U W Y Y L Y A O N
I F Y L L R E G G G G G K D S H F C G D
P M D J E Y O Y Y Z T Y Y K V P A J Y T
O N P P M D E N D R O L O G Y A K L B W
```

Birds Part 1

```
B V K P Y H U W T M X S L H B J E K P P
W U W K E L Y F K E F Q L R L B A W J F
K K N F B G U M J A F V S M C N L W J B
A Q M I A D A H E K N Q C J T R O L L J
O M O Y C I R S Z R Z Z P I H P Z P C
S L X A P O R A U D M P U T M T E W Q L
J J N N W C R Y G S V A H M U P S E Q Z
Z J X G T R C N N O C T I O Y Q R O M P
P D T R X S G W S L N S S D E Y O C I A
G E E I X B I X D I E H U P W N N I N C
N L N F K E A I I D W A R F E S I U O K
O F R F R B N Q K O H D Y W R K L X T S
M R F I I O T S M J O M I K E B J M A C
E H X N C B G C L H B U A D W S J S U P
K S P H I N X T F B R A L O B Z K R I
B C I E C E A V Z S I X R K W L L M J L X
E D Q R R Q A T I A T E U L F S A K K I
L B V L E P R E C H A U N C O I Z D J E
R Z N C E N T A U R D P T S Z Y E N G Q
N Z U Y X Y N W M G D F G U E G X H Z V
```

Birds Part 2

```
F F W R M P V O I H G P L K A Y S V U I
D H H K U U W W Z Y I A K P R C L X O A
H E R A C L E S F I E N P Y T C P J C I
U G K Z Y P F N Q M Y Z Q I E G D H P E
X N Y U P W T T A P G B A M M I H M E H
A E D B H I X O U R A K B V I H Z S R F
Z P S A Q T P A L D C R R V S Q F V S H
M A O D E K W R Y L E E Q D R B X E E
A T M L B T F L Z E S M S S W M W S P R
P L A X L O T Y M D G D S J S S J H M
H A T D P O J C O D I J G T U H F P O E
R S M O V R C C R C H O R L E S X O N S
O L L X X N O S P O U M N W I R I S E Q
D R S D F M M H O V Z W Y O B Q E K T
I F T E E A P S E P W P S L S D X I A T
T G C Y V O V U T U T Z W D Z E S D T P
E H V L J Z Q U S F H R X L M T S O H R
H C H A D E S Z E W W E H E R A P N E M
E J N P H S V O W V M G U X N H P R N W
X I Q W K W Y U W X Y M F S X S J K A I
```

A Taste Of Japan

```
V K M U N W A Q F F G U M B O O T S X
H P K P M H K G T S G L F X Z M U L E S
X N R V O J I T Y S Z H S E W X G F V I
A U W R R A Z H H C B O I R E J S H B R
E A X R U N N E R S X W B B D Y G L B G
C O N R Z W P C Z S X E Y O G W Z L B Q
T U C Y O G I F W X Q J U A E J X A S
S G W A D L C C T V W L G T S R C B L F
L H S J T L K I Y Z B Z S P F E V L G
I O B T W L A E Z M A T J H I T S W E R
P A O I M M I P R Y S A D O O H K G T C
P F O L R O E U S S O L Y E W I A V F I
E E T E N C E W U H K O I S F N T X L V
R R S T S C V T C C O A H N G G E D A P
S S T T A A S P C R E T F G S S J T M
B G Q O N S C U L M O S B E I B K U S X
B R K S D I U D O E A C V Y S R A A W Y
G W F V A N F V G T A P S L X T M C T P
S P R J L S F S S S E R X B J P D E K N
P V U F S E S S B K B N W M N F X R S S
```

Feeling Handy?

```
W P S J P L H Z L P A B O N N E T B H G
G F X R A B A M N G L G F O X Z G L D G
V F V C L W I D U S Z L A P P F R M X Q
F E D O R A W Z V A H V U L A C Q B N P
L P C S T R A W Z V Q Z S J N B K A D D
E W R B S Q L P A I F O H S A O G S B V
T G O H L M Q Q E G A E A L M W U I O H
B V C O W B O Y S H P O N O A L J A J M
H R O J W P T T A J Y R K U T E J Y Q C
V L M B O A T E R A U A A C Z R M X I W
I J E C K P E D R C K K H H K D Q L X B
H J W M I Q O U L R F U G D C C R D U C
F G B E E D S T C J J P T P T A D Q Y Y
Q D G T L L O H O K H R R F V C P B C G
N Z L M X N M L Z P E A I H I O Q D H A
P S E B R M B F M L Q C K Z J M U R S
T K J K M A R A R M I W O J K E P I E R
B E A N I E E T H M D R R Z E J Y U F O
S P E Z Z Y R C Z M S E N O Z U S H E Z
L I U P Y W O R U W R U E B E R E T Z N
```

Solutions

Did You Say Small?

```
S I S S B D P K C K Y O V G V A S D H
J U E H D H A O D A Z O S H E E N Z K B
F D J O E S U O F P F N C Y I R B L I U
G D C O S R A L A Z O T S M B I N X M H
L G U R A I W R A H J O A P K K W T O S
A O Q D E T V A U V A S N M P F N J
P F N M D A W B N K Z R G O P J L K O K
O T G B K X Z L E I B P H B M K F T W W
N B B J G L J E F R J G D S A B A R I F
C J R Z R P E D K W E G O A N D R L B E
H W G S S B M E E L M T D R M M A E Y Z
O I H W W F S R B P M S J A R G Y H R V
X O J F Q Q N H A L C W X F N V C A Y O
M Z W P A R U O Y D P U S A D W J N F Y
M K G S H V S A R L G U N D K V B M Z
J S R A U O N E D N E D O A I A V O S U
T Y I R I L Q N J K E F F I Y E H K Y L
L Y T O P E Y J J M D M I W E G H G R T W
H V U N I I Z V C W W A B M P P L A N D
U Y G G L N Q M V D Q H N T H A N F U N
```

How Big?

```
J S B J L S A P P H I R E M S W M F O X
N N D A N R O Y A L I P N O D G A I E A
C C O B A L T V Z B C Y A N E S A Y I V
O T H D G B J Q S I A M V Y N B Q E M F
H L N C C G P Y K K S B Y S I G U P U L
M I Q C Z Z K D Y S X U Y O M F A E Z I
G G U O H D Q L C W L L N R Y Q M L H Y
H H I G D W E C N S V T I Q C J G E E V
E T V C E R U L E A N R I R W A I C Z M
W B K A M H F F C R G A V M I B B T D H
P F Y O C Q G E C W S M A M N I G R A H
Q R U L P O T D G F O A P J Z F P I R T
A C U T L T R T G R P R H B U V N C K U
Z T B S R E J N W F W I E Y P F L I I R
U E P M S M H I F I E N N T W S A Z A Q
R A D I Y I O X W L D E C G R B Y I Q U
E L U V S B A L E P O D Z Y U R C V H O
C T P Y R B V N U U U W X V E K U H R I
I N B V L Y E A K J R Q E P O W D E R S
E L I W J U G T P H O T L R X S N L T E
```

How Do You Feel? Part 1

```
U N T E S C P T Q Z B R U M M Y E G E C
N S F R N M P A G N I N S K C C H E A T
O N C A A G H Z I B C K H N I R F J B J
M O N A P N B I J R S C O P A U U M L T
L O L V N B O R M R S T Q X F W S S I P
I I K D J A B U I G O F I S H Q G U T C
I L F I M V S L H S H C R H G R O P Z V
Q D Y S T A R T A T B R I D G E A W J
A U U U O Y I R A C K O S L W O C X X F
C H U N V L M D O T K T L W M O R K N O
A W E P D V L X A K J S S J H I A P M
R H S A S I Y T I C A M A D Q D B S I J
S J L S R E H I A N R J K C Z Z B K E X
V P F X Z T M Z O I C R Y C K W A E P A
F L O W I Q S Y T L R L U P F M G U O H
M F V O B L J Q M X T E K I F L E C K F
H B X K N Z X R P H K S B T D R W H E U
Q L Y G V S J M D Q X X K W H E T R R V
H T J J J V V P J Q A S P E E D O T E M R
S X A B M O Y X T K G N K U S P P N S A
```

More Feelings!

```
A M W F X G R Z Y N M B G P U W M C L X
C V Y W N L A H U U F R A I R D A C O P
R E K S W N U S H C E I E O D E L V E N
O B R N T F O T S T C R H Y M E L F P
S G X K X A R N R O G R N O T E I R I H
T O J E L L N E O H N T W O O L T D C F
I O R W O I U Z E M Z A L A R E E V H O
C B I E L M G U A V A E N C U G R J Q Y
Y A L N G E S S T N E T H C S Y A Z F J
D L T X H R O D I P E R O H E S T F Z T
A L M Y A I N P P R Q X S P A I I L T P
C A R N I C N B H S G Q K E O G O D N K
M D Q X K K E P K J O D T M N E N X M R
E X X A U P T N Z S Q L D B X X J P B M
T L C O N S O N A N C E I L Y Y J A K F
R X E L P I W J F F G L D L N L D P W V
E V I L L A N E L L E H L J O C J B V J
G Q T Q L T L F T T L W X R N Q C S V F
K X S J X P A S T O R A L H B C U P G E
Y Z Q Q Z N R F R C O U P L E T Y Y G N
```

Sea Creatures

```
A K D T W Q H R T F M W U O G J X M M C
S B B S P O N G E W O O H R A E O K W N
T C O R D N K G J K P Q C G F V L D A H
J K R E U W W B R O O M R A X S L G S Q
Z S K U O S L H H H T U D N S P C J H Y
B U S K B D H L V N Q L U I V G I O A O
D G W W H K O S C N C L S S M Z J U W
T A N P E A W R M D H B T E B L V F D R
U R X P W E D P I T Y R W V T U R L F P
K S G T D T U I S B E T M I W C F D V
N O V G Q P P A S N E D V R U Q C K J L
V A D I O R O E M T N K I O M Z L I E O
R P D K T S G L C G P Q B S J Z O M N T
O K R Y C V T X N A A U B V T J K N
L F V A C U U M C S T Y N U D N H C V N
O T M Q J P J P P L H D D V W E K F X M R
Z N T U R M K T M A B D B O N M S E H J
U R N Z S F X U Z Y R C W C T Z V P C P
X A J X F T Y S S D L N G R O N O Z U T
R C O B W E B S K N U N F U X L R U H Z
```

What's The Weather Today?

```
I X W V N S A T E L L I T E B U J G K N
H T R F X S D E E C O V A G E G K O P L
G H F B Q L L D K O Q N E E E V V V S G
C M P L A N E T B N U B U O R L X S T W
N R A J Z C R I X S G Q B R A T L H A Q
E Z O G W O W O U T A C U S S K M O R S
B B V C E M J O B E A Z M P T C I C O K O
U F K Z K L K X O L P U O A E O L T G U
L I Q K R E L B X L I V O C R B K I E T
A H C O M E T A L A B E N E O N Y N C H E
C V D S S J E M N T L S H S I W W G L E
L T S B V S K F P I A I A T D P A S I R
R W E Q Z U U U J O C U Y A W X Y T P N
P K E L B N G Q T N K C N T N X U A S C
O C H M E G Q A C W H G L I X D A R E R
R U Z E R S A A L O O K V O A U T G I O
D W G T K B C L F C L C F N U Y L S V S
X W P E O X G O A N E L Q E D D F T M S
G S K O B A O T P X Q I J P X E S O C X
M J S R S C R N I E Y Y W C X Q I Y C O
```

For more fun activities visit

www.sneakyuniverse.com/store

www.ingramcontent.com/pod-product-compliance
Lightning Source LLC
Chambersburg PA
CBHW071549080526
44588CB00011B/1846